AF252661

LE BARDE,

SUR

LA PRISE D'ULM.

A PARIS,

DE L'IMPRIMERIE BIBLIOGRAPHIQUE.

BRUMAIRE AN XIV.

LE BARDE,

SUR LA PRISE D'ULM.

ABANDONNEZ vos retraites, ô Bardes; venez célébrer l'intrépide Chef des Gaules. Impatient de chanter sa gloire au milieu de vous, j'ai quitté les bruyères où j'aime à m'entretenir avec les Ombres de mes aïeux. Hâtez-vous! à peine la Lune réfléchit sa tremblante image dans les flots tranquilles du Rhin. L'Aurore naissante chassera bientôt les brouillards humides, et ramènera dans la plaine le chasseur importun. Hâtez-vous, ô Bardes, tandis qu'un profond silence règne encore dans la nature! Apprêtez vos harpes, et secondez mes accens.

NAPOLÉON va combattre, il va triompher; il a pris sa lance, cette lance redoutable que jamais il ne lève en vain; à sa voix terrible, cent mille Braves se sont rassemblés; ils courent se précipiter au milieu des périls; une fureur belliqueuse anime les Enfans des Gaules. Tel, et moins fougueux encore, ce noble animal qu'on a formé pour la guerre, tressaillit, s'agite au bruit du clairon , et court, hennissant de joie, se mêler avec les combattans. La superbe Autriche expiera bientôt sa fatale imprudence ; ses villes, abandonnées par leurs pâles défenseurs, verront nos drapeaux flotter sur leurs remparts. Ces hordes farouches, accourues à son secours des bords de la Mer glacée , essayeront en vain de la défendre contre la fureur du Chef puissant des Gaules. Ces fiers Étrangers, couvrant de leurs ossemens blanchis les campagnes qu'ils devoient défendre, vengeront eux-mêmes la foi violée ; Bardes, préparez les chants de la victoire. NAPOLÉON va combattre, il va triompher.

Les Fils d'Albion ont voulu éloigner le jour qui doit éclairer leur ruine ; ils ont arraché le Chef des Gaules à ses projets de vengeance ; heureux dans leur indigne ambition de se dérober au péril qui les menace, ils ont détourné l'orage sur leurs crédules alliés. Albion , ta perte se diffère pour quelques momens. Ces invincibles Cohortes dont les drapeaux jetoient l'épouvante jusqu'en tes cités , retourneront bientôt sur ces bords d'où elles doivent s'élancer pour punir ta longue insolence ; vois comme elles avancent à pas de géans contre ces Rois qui n'ont pas rougi de vendre, pour un peu d'or, le sang de leurs peuples. Le courage impétueux de nos Braves ne sera plus arrêté par les profonds abîmes des Mers, ils n'auront à combattre que leurs ennemis; quels guerriers peuvent résister aux Enfans des Gaules commandés par Napoléon? Ta politique ténébreuse nous susciteroit en vain de nouveaux adversaires; les premiers exploits du Héros nous promettent des succès encore plus brillans. Ainsi le Lion naissant annonce déjà ce qu'il sera dans toute sa force. Tremble! tes intrigues même hâteront ta chûte. Frémissant de rage et de désespoir, tous tes Alliés maudiront tes perfides soins, et t'abandonneront sans regrets à notre vengeance... Bardes, j'ai cru entendre les harpes célestes; venez écouter ces accords sacrés; tout célèbre avec vous l'intrépide Chef des Gaules; les Vents eux-mêmes répètent aux Héros des temps passés, Napoléon va combattre, il va triompher.

Quelle horreur secrette m'agite! je crois parcourir avec Ossian les Palais aériens de ses Ancêtres. Je revois Fingal, la lance à la main; il montre aux Chefs de Morven les Vainqueurs de Marengo qui marchent vers le Danube; le Héros qui dirige leur fureur docile a fixé ses regards. Chantez, ô Bardes, l'hymne de la victoire: Napoléon va combattre, il va triompher.

Pardonne, ô Chef des Bardes, si j'ose interrompre un instant ces accords harmonieux. Je rends, comme toi, justice à l'Homme puissant par qui la France a repris sa place en Europe ; je l'ai vu, accompagné d'un petit nombre de Braves, disperser des armées entières. Je l'ai suivi sur le pont sanglant d'Arcole, sous les murs de Malte, dans les plaines de la Syrie, et partout la Victoire justifioit son audace. Mais songe à cette foule d'ennemis qui s'arment de tous côtés contre la France. L'Autriche brûlant de faire oublier ses revers, prépare depuis long-temps la guerre au milieu de la paix ; égarée par son orgueil jaloux, elle appelle au milieu de ses cohortes, ces Barbares sortis des antres du Nord, terribles comme le climat qu'ils habitent ; ils vont se précipiter par torrens au milieu de nos campagnes. Leur valeur féroce ne connoît aucun danger , et tu sais s'ils refusent de mourir à l'heure des combats. A peine le Chef de nos Braves a-t-il quitté les bords du Rhin. Déjà la saison plus sévère va retenir son courage. Cependant les Bataillons de l'Autriche et ses farouches Alliés , défendus par mille remparts naturels , pourront à leur gré porter leurs ravages au sein de nos villes. Les jeunes Epouses auront peut-être bien des larmes à répandre avant que la Victoire suive nos drapeaux.

Quels mots tu as prononcés, ô Barde ? Ainsi tu redoutes les Autrichiens qui, deux fois prosternés aux pieds d'un Vainqueur généreux, les ont mouillés de leurs larmes. Les Russes, échappés au fer de nos Soldats, sur les montagnes de la Suisse et dans les plaines du Helder, seront-ils plus redoutables aujourd'hui? Je frémis d'entendre un Barde craindre ces Enfans du Nord; c'est aux Sarmates indociles, aux Turcs amollis qu'ils peuvent inspirer de la terreur. Ils savent mourir, dis-tu; le Français fait plus, il sait vaincre. Crois-tu que les Fils d'Albion brigueront l'honneur de paroître au milieu de leurs Alliés? Ont-ils oublié combien leur sang répandu a engraissé nos sillons? Que peux-tu craindre quand l'Europe entière s'armeroit contre la France? Eh! qu'importe aux Enfans des Gaules le nombre de leurs ennemis. L'Ame du Brave s'agrandit, s'échauffe au sein du danger; il s'indigne des obstacles qu'on oppose à sa colère, et contemple avec orgueil cette foule d'adversaires qui va tomber sous ses coups. Tu crains que les phalanges ennemies ne se répandent dans nos campagnes. Le pourront-elles jamais avant d'avoir rencontré nos Guerriers? Ne connois-tu pas l'impétueux Chef des Français? On peut tromper par de vains sermens son cœur magnanime; qui se flattera d'avoir surpris ce Héros sans défense? Vois ces Bataillons accourir impatiens de toutes les parties de l'Empire. Ont-ils oublié leur antique gloire? le sommet glacé des Alpes, les sables brûlans des Déserts, ont-ils pu enchaîner un seul instant leur courage ? Viens, descends vers nous, sur ton humide brouillard, ô digne héritier de Turenne ; dis-moi, tes compagnons d'armes démentiront-ils leurs premiers exploits ? O Barde ; ils vont accabler de leur présence l'ennemi trompé. Ainsi du haut des airs se précipite d'un vol rapide l'Aigle sur sa proie. Dissipe ces vaines inquiétudes ; NAPOLÉON va combattre, il va triompher.

Mais déjà l'Aurore éclaire le sommet des montagnes ; j'aperçois à travers les vapeurs du matin une foule immense dans ces bruyères. Le bronze vient de retentir avec violence, et des cris tumultueux ont frappé mes oreilles. Je vois des drapeaux flotter au loin dans la plaine ; le fer des lances brille des premiers rayons de l'Aurore. J'interroge en vain les Héros des temps passés ; à l'aspect du jour ils se sont retirés au sein des nuages.

Excuse mes craintes, ô Chef de nos Bardes. Ah ! sans doute, nos ennemis plus nombreux ont forcé nos phalanges à se retirer dans ces boulevards.

Qu'oses-tu dire ? non, les enfans des Gaules n'ont pas fui ; NAPOLÉON n'a jamais cédé le champ de bataille à ses adversaires. Cependant, la foule s'avance ; mes yeux ont reconnu des fils de l'Autriche ; ils sont désarmés, et leur démarche abattue.... Nos Guerriers portent dans leurs mains des couronnes ; graces aux Dieux ! NAPOLÉON est vainqueur ! la superbe Vienne éprouve encore des revers.

Satisfaites, ô guerriers, à ma juste impatience. Quels sont ces drapeaux ? pourquoi ces couronnes de laurier ? pourquoi ces captifs au front baissé vers la terre ?

O Chef des Bardes ; qui t'a retenu sur ces rives ? pourquoi n'es-tu point venu avec les braves? tes yeux auroient contemplé NAPOLÉON dans toute sa gloire ! quel plus beau spectacle pour toi ! les fils orgueilleux de l'Autriche courbant leur tête sous le joug , et remerciant le Héros qui leur permettoit de vivre ! Tout a ressenti l'effort de son bras redoutable ; Généraux , Soldats , il ne reste plus rien de ces phalanges nombreuses qui menaçoient d'envahir nos frontières. Leurs fiers alliés accourent pour être témoins de leur honte.

Bardes, réjouissez vous ; apprêtez vos harpes ; célébrons ce Héros, l'orgueil de la France ; célébrons les Braves qui ont péri dans ces journées mémorables. Que nos chants de gloire parviennent jusqu'à eux , et que leurs ombres satisfaites applaudissent à notre reconnoissance. Dis-moi, ô Guerrier, le nom des Héros qui ont succombé dans les champs de l'honneur. Je veux que des pierres amoncélées sur cette montagne conservent leur mémoire dans les siècles à venir.

Peu de braves sont allés retrouver les ombres de nos aïeux ; leurs noms, sans cesse présents à notre pensée, arriveront pleins de gloire à nos descendans. Les enfans des Gaules reverront bientôt leurs jeunes épouses accourir à leur rencontre et les presser contre leur sein palpitant de joie. NAPOLÉON a respecté même le sang de ses ennemis ; c'est le plus beau triomphe du Héros qui préside à nos destinées ; les cris des mourans, les plaintes des blessés ne se sont pas mêlés aux accens de la victoire ; nos adversaires, enveloppés comme dans un filet, déposent leurs armes qui ne peuvent les servir, et ils reçoivent la vie en échange.

Quel nouveau prodige viens-tu m'annoncer ? cesse d'abuser mon cœur trop crédule.

Barde, je dis vrai ; interroge nos guerriers, ils te diront tous par quel art nouveau NAPOLÉON détruit les armées sans les combattre. Il a soumis la mort même à ses conceptions profondes ; Législateur, Conquérant, il joint à tous ces titres brillans, le titre plus doux de père des hommes.

Reçois, ô Guerrier, mes embrassemens. Ah !

mon cœur trop plein ne peut t'exprimer tous les sentimens qui l'agitent. Mais raconte-moi ce qu'ont vu tes yeux, et comment un mois à peine écoulé a pu suffire aux événemens d'une année entière ?

Déjà nos armées, par une marche rapide, s'avancent pour punir les infracteurs de la foi jurée. NAPOLÉON imprime à ses légions différens mouvemens ; l'ennemi ne peut deviner ses projets ; il l'attend sur ces montagnes, dans ces forêts où le courage arrêté à chaque instant par des obstacles nouveaux s'épuise souvent en longs efforts. Il jugeoit l'avenir d'après l'exemple du passé. Cependant, au jour marqué, nos Cohortes se sont rassemblées sur les rives du Danube ; alors se développent les vastes projets du Vainqueur de Marengo. L'Autrichien épouvanté veut défendre les bords du fleuve ; un Génie supérieur rend tous ses efforts inutiles. Pressés de toutes parts, dix mille Guerriers ont demandé grace dans les plaines de Wertinghen ; c'est en vain que les Bataillons de Guntzbourg ont prétendu à l'honneur de nous résister, et déjà ils ont déposé leurs armes. L'ennemi, repoussé dans Ulm, se trouve enfermé lui-même dans ces lignes formidables qu'il avoit élevées contre nous. Loin de nous attaquer, il cherche le honteux honneur de nous échapper par la fuite. Vains projets! Il ne peut se soustraire à la main puissante étendue sur lui. L'intrépide Chef des Gaules dirige par-tout ses Phalanges ; rien n'arrête son courage impétueux. Simple, et renonçant à l'éclat du trône, il brave le premier la saison sévère et les fatigues. Sans le respect des Soldats, on le prendroit pour un Soldat lui-même. Ah! combien il nous paroissoit plus grand dans cette simplicité. Sa pensée, toujours active, s'occupe des soins de l'Empire. La nuit, sous la tente, il veille au bonheur des Peuples. L'Armée entière admiroit en silence comment il pouvoit suffire à tant de travaux à-la-fois. A peine il goûte quelques instans d'un repos nécessaire. La Nature étonnée reconnoît en lui l'*Homme du Destin*. Cependant les Troupes qu'enflamme sa présence, veulent franchir les murailles qui les séparent de leurs adversaires. Déjà leur ardeur ne peut plus connoître de frein : le sang va couler par torrent. NAPOLÉON appelle les Chefs de l'Autriche ; il leur montre ses Guerriers. Les Chefs consternés retournent dans Ulm. Ils voudroient au moins reculer l'instant marqué pour leur chûte. Le Héros a parlé, il faut qu'ils se rendent. Cinquante mille Autrichiens mettent leurs armes à ses pieds. L'officier est libre sur sa parole. Le Soldat, plus heureux peut-être, habitera nos campagnes ; il va retrouver ces asiles où il éprouva jadis les soins d'une pitié généreuse. Ces drapeaux, je les porte aux Pères de la Patrie ; quels plus beaux trophées doivent orner les lieux où les Nations de la Terre viendront un jour implorer notre appui et notre justice !

Ainsi nos Guerriers ne peuvent tarder à revenir parmi nous. Quel plaisir de revoir les Braves qui ont confondu l'orgueil de nos ennemis, de baigner de larmes de joie leurs fronts couronnés par la Victoire !

Je n'en doute pas, la Paix nous apportera bientôt ses douceurs. L'Autriche, ébranlée en ses fondemens, ne peut opposer qu'une vaine résistance au Héros dont le seul aspect répand la Terreur dans ses Bataillons. Déjà, tremblante pour sa Capitale, elle rassemble à la hâte tous ses défenseurs ; elle mandie les secours de ces Hordes barbares que n'aguère elle daignoit protéger. Inutiles efforts qui ne pourront retarder sa défaite. Ses Princes eux-mêmes, franchissant dans leur coûrse précipitée de vastes États, se croyent encore trop voisins de nos Légions menaçantes. Charles, son espoir, poursuivi par le bouillant Massena, a vu flétrir ses lauriers. L'Italie retentit encore une fois de nos triomphes. L'intrépide Chef des Gaules s'avance à grands pas vers ces remparts qui ont vu repousser deux fois les fiers Ottomans ; et peut-être, ô

Vienne, il est déjà dans tes murs. Terribles seulement à leurs Alliés, les Enfans du Nord fuiront devant le fer de sa lance, en ravageant les cités qu'ils étoient venus secourir. Malheur a eux, s'ils osent braver notre colère! Qu'ils craignent que le Danube ne roule leurs cadavres au milieu de ses eaux ensanglantées.

O Guerrier, ton récit vient de surpasser mon attente. Comme j'envie ton bonheur! ces prodiges qui laissent loin derrière eux les exploits des temps passés, tes yeux les ont vus. Tu seras compté parmi les braves qui ont marché vers l'Ister; ô heureuse France! la gloire de NAPOLÉON t'appartient! les chefs de l'Europe vont te rendre l'arbître de leurs destinées. Bardes, comment célébrer dignement le Héros par qui l'Empire des Gaules est environné de splendeur? Unissez vos accords, et que vos concerts sacrés s'élevant jusques aux nues, aillent apprendre ses victoires aux ombres de nos ayeux. Dites aussi les enfants des Gaules dignes de leur redoutable chef. Dites l'orgueilleuse Vienne recevant le salaire de sa perfidie; ils sont brisés pour toujours les fers qu'a portés François I.er! Accours ombre illustre autant que malheureuse; rends graces au guerrier qui a terminé la longue querelle de la Maison de Halsbourg. Pourquoi fuyez-vous, Charles et Philippe? Vos neveux recueillent le fruit de votre politique astucieuse. Le ciel est juste ; il a suscité un Héros qui punit sur vos descendans , et leurs crimes , et les vô- tres. L'Autriche rangée bientôt parmi nos pro- vinces , servira de leçon terrible aux peuples de la terre.

Arrête, ô Barde ; connois mieux NAPOLÉON c'est la liberté de l'Europe , c'est l'indépendance des mers qu'il demande ; on l'a forcé de combat- tre ; mais son cœur magnanime ne sait pas abu- ser de la victoire , et nos ennemis en ont fait l'heureuse expérience. L'Autriche conservera ses Loix et ses Princes. Sans-doute la générosité du Héros ne trompera plus sa politique ; sans doute il éxigera des vaincus les gages certains d'une longue paix. Qui de nous osera pénétrer dans sa pensée ? heureux d'être associés à sa gloire , nous marchons où sa voix nous appelle , sans porter un œil curieux sur les secrets qu'en- ferme son sein. Cependant d'autres ennemis appellent son courage ; les Fils d'Albion ne ces- sent d'irriter sa colère par des injures nou- velles ; il est temps qu'il mette un terme à leur insolence ; les vainqueurs du Danube sauront bien franchir les barrières que leur oppose en vain la nature. Puissent nos phalanges portées sur la rive opposée !....

Oui , puissent les Braves descendre bientôt sur

ces bords odieux ! puissent tous les Peuples conjurés s'armer contre un Peuple qui goûte une
joie féroce dans les malheurs de la Terre ! puissé-je
moi-même au milieu des Fils consternés d'Albion, satisfaire à ma juste haine ! Tyrans des
deux Mondes , le jour n'est pas loin où vos
longs forfaits doivent enfin retomber sur vous.
L'Univers appelle à grands cris un Vengeur.
NAPOLÉON , cet honneur t'appartient. L'Empire des Gaules te doit sa puissance ; que les
Nations reçoivent de toi le bonheur. Marche
contre ces perfides Insulaires ; qu'ils disparoissent devant ta fureur, comme ces vapeurs
du matin qui se dissipent aux premiers rayons
du jour !